D1520257

For more Planners click on the

author name :

↓↓↓↓↓

Med Planners

2022-2023

ACADEMIC

PLANNER

PERSONAL INFORMATION

Name :

Address :

Postal Code : Phone :

Mobile : Email :

Company Name :

Company Address :

Company Phone :

Company Fax :

EMERGENCY CONTACTS

Name : Relationship :

Phone :

Address :

Name : Relationship :

Phone :

Address :

MEDICAL INFORMATION

Blood Type : Medications :

Doctor : Phone :

2022

HOLIDAYS

July

August

September

October

November

December

2023
HOLIDAYS

January

February

March

April

May

June

2022-2023

IMPORTANT DATES

ACADEMIC YEAR OVERVIEW

2022-2023

July 2022

Su	Mo	Tu	We	Th	Fr	Sa
26	27	28	29	30	1	2
3	4	5	6	7	8	9
10	11	12	13	14	15	16
17	18	19	20	21	22	23
24	25	26	27	28	29	30
31	1	2	3	4	5	6

August 2022

Su	Mo	Tu	We	Th	Fr	Sa
31	1	2	3	4	5	6
7	8	9	10	11	12	13
14	15	16	17	18	19	20
21	22	23	24	25	26	27
28	29	30	31	1	2	3

September 2022

Su	Mo	Tu	We	Th	Fr	Sa
28	29	30	31	1	2	3
4	5	6	7	8	9	10
11	12	13	14	15	16	17
18	19	20	21	22	23	24
25	26	27	28	29	30	1

October 2022

Su	Mo	Tu	We	Th	Fr	Sa
25	26	27	28	29	30	1
2	3	4	5	6	7	8
9	10	11	12	13	14	15
16	17	18	19	20	21	22
23	24	25	26	27	28	29
30	31	1	2	3	4	5

November 2022

Su	Mo	Tu	We	Th	Fr	Sa
30	31	1	2	3	4	5
6	7	8	9	10	11	12
13	14	15	16	17	18	19
20	21	22	23	24	25	26
27	28	29	30	1	2	3

December 2022

Su	Mo	Tu	We	Th	Fr	Sa
27	28	29	30	1	2	3
4	5	6	7	8	9	10
11	12	13	14	15	16	17
18	19	20	21	22	23	24
25	26	27	28	29	30	31

January 2023

Su	Mo	Tu	We	Th	Fr	Sa
1	2	3	4	5	6	7
8	9	10	11	12	13	14
15	16	17	18	19	20	21
22	23	24	25	26	27	28
29	30	31	1	2	3	4

February 2023

Su	Mo	Tu	We	Th	Fr	Sa
29	30	31	1	2	3	4
5	6	7	8	9	10	11
12	13	14	15	16	17	18
19	20	21	22	23	24	25
26	27	28	1	2	3	4

March 2023

Su	Mo	Tu	We	Th	Fr	Sa
26	27	28	1	2	3	4
5	6	7	8	9	10	11
12	13	14	15	16	17	18
19	20	21	22	23	24	25
26	27	28	29	30	31	1

April 2023

Su	Mo	Tu	We	Th	Fr	Sa
26	27	28	29	30	31	1
2	3	4	5	6	7	8
9	10	11	12	13	14	15
16	17	18	19	20	21	22
23	24	25	26	27	28	29
30	1	2	3	4	5	6

May 2023

Su	Mo	Tu	We	Th	Fr	Sa
30	1	2	3	4	5	6
7	8	9	10	11	12	13
14	15	16	17	18	19	20
21	22	23	24	25	26	27
28	29	30	31	1	2	3

June 2023

Su	Mo	Tu	We	Th	Fr	Sa
28	29	30	31	1	2	3
4	5	6	7	8	9	10
11	12	13	14	15	16	17
18	19	20	21	22	23	24
25	26	27	28	29	30	1

2022

JULY

	SUNDAY	MONDAY	TUESDAY
	3	4	5
	10	11	12
	17	18	19
	24 / 31		

NOTES

WEDNESDAY	THURSDAY	FRIDAY	SATURDAY
		1	2
6	7	8	9
13	14	15	16
20	21	22	23
27	28	29	30

NOTES :

2022

AUGUST

	SUNDAY	MONDAY	TUESDAY
		1	2
	7	8	9
	14	15	16
	21	22	23
	28	29	30

NOTES

WEDNESDAY	THURSDAY	FRIDAY	SATURDAY
3	4	5	6
10	11	12	13
17	18	19	20
24	25	26	27
31			

NOTES :

2022

SEPTEMBER

	SUNDAY	MONDAY	TUESDAY
	4	5	6
	11	12	13
	18	19	20
	25	26	27

NOTES

WEDNESDAY	THURSDAY	FRIDAY	SATURDAY
	1	2	3
7	8	9	10
14	15	16	17
21	22	23	24
28	29	30	

NOTES :

2022

OCTOBER

	SUNDAY	MONDAY	TUESDAY
	2	3	4
	9	10	11
	16	17	18
	23 / 30	24 / 31	25

NOTES

WEDNESDAY	THURSDAY	FRIDAY	SATURDAY
			1
5	6	7	8
12	13	14	15
19	20	21	22
26	27	28	29

NOTES :

2022

NOVEMBER

	SUNDAY	MONDAY	TUESDAY
			1
	6	7	8
	13	14	15
	20	21	22
	27	28	29

NOTES

WEDNESDAY	THURSDAY	FRIDAY	SATURDAY
2	3	4	5
9	10	11	12
16	17	18	19
23	24	25	26
30			

NOTES :

2022

DECEMBER

	SUNDAY	MONDAY	TUESDAY
	4	5	6
	11	12	13
	18	19	20
	25	26	27

NOTES

WEDNESDAY	THURSDAY	FRIDAY	SATURDAY
	1	2	3
7	8	9	10
14	15	16	17
21	22	23	24
28	29	30	31

NOTES :

2023

JANUARY

	SUNDAY	MONDAY	TUESDAY
	1	2	3
	8	9	10
	15	16	17
	22	23	24
	29	30	31

NOTES

WEDNESDAY	THURSDAY	FRIDAY	SATURDAY
4	5	6	7
11	12	13	14
18	19	20	21
25	26	27	28

NOTES :

2023
FEBRUARY

	SUNDAY	MONDAY	TUESDAY
	5	6	7
	12	13	14
	19	20	21
	26	27	28

NOTES

WEDNESDAY	THURSDAY	FRIDAY	SATURDAY
1	2	3	4
8	9	10	11
15	16	17	18
22	23	24	25

NOTES :

2023
MARCH

	SUNDAY	MONDAY	TUESDAY
	5	6	7
	12	13	14
	19	20	21
	26	27	28

NOTES

WEDNESDAY	THURSDAY	FRIDAY	SATURDAY
1	2	3	4
8	9	10	11
15	16	17	18
22	23	24	25
29	30	31	

NOTES :

2023
APRIL

	SUNDAY	MONDAY	TUESDAY
	2	3	4
	9	10	11
	16	17	18
	23 / 30	24	25

NOTES

WEDNESDAY	THURSDAY	FRIDAY	SATURDAY
			1
5	6	7	8
12	13	14	15
19	20	21	22
26	27	28	29

NOTES :

2023

MAY

	SUNDAY	MONDAY	TUESDAY
		1	2
	7	8	9
	14	15	16
	21	22	23
	28	29	30

NOTES

WEDNESDAY	THURSDAY	FRIDAY	SATURDAY
3	4	5	6
10	11	12	13
17	18	19	20
24	25	26	27
31			

NOTES :

2023

JUNE

	SUNDAY	MONDAY	TUESDAY
			1
	6	7	8
	13	14	15
	20	21	22
	27	28	29

NOTES

WEDNESDAY	THURSDAY	FRIDAY	SATURDAY
2	3	4	5
9	10	11	12
16	17	18	19
23	24	25	26
30			

NOTES :

CONTACTS

NAME	EMAIL	PHONE	MOBILE

CONTACTS

NAME	EMAIL	PHONE	MOBILE

CONTACTS

NAME	EMAIL	PHONE	MOBILE

CONTACTS

NAME	EMAIL	PHONE	MOBILE

CONTACTS

NAME	EMAIL	PHONE	MOBILE

CONTACTS

NAME	EMAIL	PHONE	MOBILE

CONTACTS

NAME	EMAIL	PHONE	MOBILE

CONTACTS

NAME	EMAIL	PHONE	MOBILE

Please leave a review because we would love to hear your feedback , opinions in order to improve our products. **THANK YOU !!**

Made in the USA
Columbia, SC
01 February 2022

55159277R00057